NATIONAL GEOGRAPHIC

School Publishing

D0584226

Visualizando las estrellas

EDICIÓN PATHFINDER

Por Beth Geiger

CONTENIDO

Visualizando las estrellas

Por Beth Geiger

Es una noche despejada de invierno.
Las estrellas se extienden en el cielo como
pequeños granitos brillantes.
¡Qué vista tan sorprendente!

Contando estrellas. En total, existen oficialmente 88 constelaciones.

Una estrella es una bola ardiente de gases que produce su propia luz. La mayoría de las estrellas, excepto nuestro sol, se encuentran demasiado lejos para que las veamos con forma de bola. En cambio, parecen pequeñitos puntos de luz.

No todas las estrellas se ven iguales. Algunas parecen mucho más grandes que el resto. Hay muchas tan débiles que apenas las puedes ver. Algunas estrellas hasta se ven azules o rojas. Existen miles y miles. Y esas son solo las estrellas que puedes ver tú a simple vista. Si miras por el telescopio, ¡puedes ver millones!

Bola de fuego.
Nuestro sol es una estrella.

Une los puntos

Si miras mucho las estrellas, verás que cambian de lugar. Parece que se mueven porque ves distintas partes del cielo a medida que la Tierra se mueve alrededor del Sol.

También notarás algo más. Hay cuatro estrellas que parecen formar un cuadrado. Otro grupo parece la letra W. Cuanto más miras, más formas puedes ver.

Estas formas se llaman **constelaciones**. Las constelaciones son estrellas que parecen formar un patrón o una figura. No necesitas un telescopio para verlas. Las personas reconocieron las constelaciones hace miles de años. Hasta existen leyendas o historias sobre ellas.

Fiesta de estrellas

Las constelaciones solo existen en la imaginación de la gente. De hecho, allá arriba en el espacio, las estrellas que forman una constelación no están realmente tan cerca unas de otras. Solo se ven de esa manera desde la Tierra.

Verifiquemos algunas constelaciones famosas. Los patrones tal vez sean producto de la imaginación de las personas, pero las estrellas que los forman son muy reales.

El Gran Cucharón

El Gran Cucharón.

Seguramente has oído hablar del Gran
Cucharón. El Gran Cucharón es fácil
de reconocer. En América del Norte,
pensamos que se parece a un cucharón
o a una cuchara sopera. Tres estrellas
brillantes forman el mango. Otras cuatro,
el cuenco.

Este famoso patrón de estrellas
es realmente solo una parte de una
constelación llamada Osa Mayor.
El mango del Gran Cucharón está en la
cola de la Osa.

Al norte del ecuador, puedes ver el
Gran Cucharón durante todo el año.
En otoño, el cucharón se ve boca arriba.
En primavera, boca abajo.

El Pequeño
Cucharón

Estrella
Polar

Gran
Cucharón

La Estrella Polar te indica el camino

El Gran Cucharón tiene un papel importante. Las dos estrellas que forman la parte trasera de El Gran Cucharón trazan una línea. Esa línea apunta hacia la Estrella Polar.

La Estrella Polar también es conocida como la Estrella del Norte. Está ubicada justo arriba del Polo Norte de la Tierra.

En cualquier momento que veas la Estrella Polar, sabrás hacia dónde está el Norte. Es una muy buena noticia para cualquier persona que quiera saber dónde está ubicada en una noche estrellada.

Guía nocturna. Durante cientos de años, los navegantes contaron con la Estrella Polar para encontrar el camino.

Estrella Polar

Orión: el cazador

Orión es, probablemente, la constelación más famosa. La constelación parece un cazador sosteniendo su arco y su flecha, listo para disparar. Orión tiene un cinturón hecho de tres estrellas perfectamente iguales. Del cinturón cuelga una espada.

La espada de Orión tiene un punto borroso. Ese punto es una nube de polvo y gas llamada la Gran Nebulosa. ¡Una **nebulosa** es una fábrica de estrellas! Dentro de la nube, crecen grupos de gas hidrógeno que se vuelven cada vez más calientes. Poco a poco, esas masas de materia caliente forman nuevas estrellas. Es posible que la Gran Nebulosa contenga cientos de estrellas nuevas.

Gran Nebulosa

Casiopea: reina del cielo

Casiopea tiene solo cinco estrellas. Parece que forman la letra *W*. Algunas veces durante el año Casiopea está al revés, entonces parece la letra *M*. La historia cuenta que Casiopea es una reina. ¿Puedes ver cómo las estrellas forman un trono? Debes imaginarte a una reina sentada sobre él. Si vives en los Estados Unidos o en Canadá, puedes ver a Casiopea todo el año.

De acuerdo con la leyenda griega, Casiopea se jactó ante los dioses del mar. Dijo que su hija era más bella que la de ellos. Los dioses la castigaron enviándola al cielo. Y allí se encuentra sentada.

¿Alguien vio eso?

Casiopea puede estar pegada a su silla, pero ha vivido experiencias emocionantes. Hace aproximadamente 300 años, explotó una de las cinco estrellas que forman la constelación. Esa estrella, Casiopea A, se convirtió en una **supernova**. Una supernova es un resto polvoriento, gaseoso de una estrella vieja. Es la supernova más joven que se conoce.

Casiopea A

Acción animal

Leo, el león, se agazapa. Parece que está listo para saltar. El león es imaginario, por supuesto. Su cuerpo, sus pies, su cola y su cabeza son estrellas.

Leo es una de tantas constelaciones con forma de animal. Tenemos a Tauro, el Toro. Existen un par de perros llamados Can Mayor y Can Menor. Hay caballos, peces y pájaros. ¡Existe también un unicornio!

No todas las constelaciones tienen formas obvias. Pero la mayoría de la gente piensa que Leo parece un león.

Felino furtivo. Algunos consideran que la esfinge egipcia se basó en la constelación Leo.

Régulo ⟶

Girando a toda velocidad

La estrella más brillante de cualquier constelación se llama **estrella alfa**. La estrella alfa de Leo es Régulo. Régulo forma parte de las patas delanteras del león.

Igual que otras estrellas, Régulo gira sobre su propio eje. Pero a pesar de que es tres veces y media más grande que nuestro sol, ¡Régulo gira 45 veces más rápido! Los astrónomos dicen que si Régulo girara más rápido, ¡podría hacerse hilachas!

Escorpio: muy interesante

Escorpio realmente te llamará la atención. Esta constelación parece un escorpión. ¡Hasta tiene una pinza curva!

Según una leyenda, Escorpio picó a Orión y lo mató. Por eso nunca aparecen cerca el uno del otro. Escorpio aparece en verano. Si vives al norte del ecuador, verás a Orión en invierno.

Antares

¡Es de noche y brillan las estrellas!

Aunque su cola la delata, la constelación de Escorpio tiene un gran corazón. Ese corazón, es la estrella muy brillante llamada Antares. Antares es una estrella **súper gigante roja.**

¿Qué es exactamente una súper gigante roja? Es el tipo de estrella más grande. Las súper gigantes rojas son muy grandes. Por ser estrellas, su temperatura es bastante baja. ¡No son realmente tan calientes como otras estrellas!

Las estrellas tienen ciclos vitales, como las personas. Y las súper gigantes rojas son viejas. Cuando mueren, ¡explotan con furia!

Vocabulario

constelación: modelo de estrellas

estrella alfa: estrella más brillante de una constelación

nebulosa: nube de polvo y gas en el espacio

súper gigante roja: estrella grande que se está muriendo

supernova: restos de una estrella que explotó

La Vía Láctea

Nuestro hogar en las estrellas

Nuestro hogar acogedor, la Tierra, da vueltas alrededor de una estrella familiar llamada Sol. Lo mismo hacen otros siete planetas. Ese es nuestro sistema solar.

¿Qué puede ser más grande que un sistema solar? ¡Qué tal una galaxia! El Sol es sólo una estrella de una gran colección de estrellas llamada galaxia. Nuestra galaxia se llama Vía Láctea. Contiene por lo menos 100 mil millones de estrellas.

Y eso no es todo: ¡Existen miles de millones de galaxias como la Vía Láctea! ¿Cuántas estrellas hay entonces en total? ¿Cuántos sistemas solares como el nuestro? ¡Demasiados para contarlos!

Espiral estrellado

Nadie puede ver la Vía Láctea completa, por supuesto, porque estamos en ella. Pero los astrónomos tienen una idea bastante buena de su aspecto. Lo saben porque observan otras galaxias.

La Vía Láctea es como un disco, con una forma muy parecida a un disco volador. Tiene brazos con forma de espiral como un molinito. Si parece que está girando sobre sí misma, es porque lo está haciendo. La galaxia completa hace un movimiento de rotación una vez cada 200 millones de años.

Aparte de los brazos con forma de espiral, la Vía Láctea tiene una parte central más ancha. Esta parte es brillante y densa. Está hecha principalmente de estrella viejas.

En un brazo de espiral.

Nuestro Sol y su sistema solar están aproximadamente a dos tercios de camino desde el centro de la Vía Láctea. Vivimos en uno de los brazos con forma de espiral de la Vía Láctea; ese brazo se llama el brazo de Orión.

Imagínate un disco volador volteado de lado. Así es como se ve la Vía Láctea desde la Tierra.

Para ver la Vía Láctea, elige una noche clara cuando la Luna no esté demasiado brillante. Trata de alejarte de las luces de la ciudad. Luego busca una banda ancha de estrellas en el cielo. Junto con las estrellas, verás parches nubosos de gas y polvo de estrellas. ¡Qué vista! Estás viendo nuestra galaxia, desde adentro.

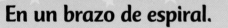

Vista sorprendente.
Desde la Tierra, la Vía Láctea parece una línea, como si fuera un disco volador visto de lado.

Estrellas

Veamos cuánto has aprendido sobre visualizar estrellas.

1 ¿Cómo se diferencian las estrellas unas de otras?

2 ¿Por qué las constelaciones tienen una apariencia distinta en distintos momentos del año?

3 ¿Cómo puede ayudarte la Estrella Polar a encontrar tu camino en la noche?

4 ¿Cómo se forman las estrellas nuevas?

5 ¿Por qué la Vía Láctea parece una banda de estrellas en el cielo?